LE RHIN

A PROPOS DE LA

QUESTION D'ORIENT

PARIS

IMPRIMERIE DE L. TINTERLIN ET Cᵉ,

RUE NEUVE-DES-BONS-ENFANTS, 3.

LE RHIN

A PROPOS DE LA

QUESTION D'ORIENT

PAR PAUL VARIN

PARIS

E. DENTU, LIBRAIRE-ÉDITEUR

PALAIS-ROYAL, 13, GALERIE D'ORLÉANS

—

1860

LE RHIN

À PROPOS

DE LA QUESTION D'ORIENT

Août 1860.

I.

Napoléon à Sainte-Hélène, retrouvant dans les désillusions du malheur la transcendance de son jugement que de gigantesques passions n'obscurcissaient plus, s'écriait :

La révolution française sera le trépied d'où jaillira la lumière du monde !

Il sentait, alors, que le dogme de la liberté était écrit si avant dans le cœur des peuples que, là où il avait échoué, aucun homme désormais ne pourrait ralentir sa marche irrésistible.

Mais ce tardif hommage rendu à ce dogme qu'il avait tant méconnu, arrachait en même temps au sentiment de ses fautes ces paroles devenues prophétiques :

L'Europe, dans cinquante ans, sera républicaine ou cosaque.

Il comprenait que la politique d'envahissement de son règne avait semé des antagonismes si profonds entre des peuples qu'une communauté d'intérêts n'aurait jamais dû diviser, que leur union, retardée pour longtemps, avait ouvert une chance au second terme de sa prophétie.

Quand la France victorieuse des rois lui remit ses destinées, elle avait terminé son œuvre de violence. Placée en face des peuples, son œuvre de persuasion commençait. La révolution française, épuisée par dix années de luttes, triomphante, mais affamée d'ordre et de paix, en lui confiant le soin de consolider ses légitimes conquêtes, ne demandait à son génie qu'un travail d'organisateur et de pacificateur. Mais, en possession du pouvoir, il abandonna l'esprit de la révolution, et les principes de fraternité et de respect des nationalités qu'elle avait proclamés disparurent sous l'abus exorbitant qu'il fit de la force brutale. Reportant des rois contre les peuples une lutte sacrilége, Napoléon Ier violenta tellement leurs sentiments et leurs intérêts les plus chers, que la révolution française dont il fut le représentant, mais le représentant infidèle, leur devint odieuse. Voulant tout soumettre et tout abaisser, il finit, d'excès en excès, par tomber sous les coups de l'Europe, laissant, il est vrai, un héritage de gloire immense à la France mutilée, mais un héritage qui lui coûtait son influence morale et compromettait pour longtemps le rôle initiateur qu'elle tenait de la révolution.

Car il ne faut pas se dissimuler que le principal résultat des éphémères conquêtes du premier empire a été d'exciter contre elle les sourdes jalousies et les méfiances des peuples, et que l'isolement politique contre lequel elle lutte, et dont elle souffre aujourd'hui, n'a pas d'autre cause.

L'on a pu apprécier dans ces derniers temps combien étaient vivaces ces antagonismes.

Lorsque la France, entraînée par ses instincts généreux, entreprit l'affranchissement de l'Italie, elle dut, pour éviter une conflagration en Europe, s'arrêter devant les manifestations hostiles de l'Allemagne, et laisser inachevée son œuvre de délivrance.

Il est certain que la cause de ces manifestations des peuples allemands contre elle provient bien plus de la funeste impres-

sion qu'a laissé dans leur esprit le premier empire, que du sentiment sincère et réfléchi d'un danger d'envahissement dont rien
ne leur révélait la menace.

Mais le moment est proche du triomphe probable de la raison
sur les préjugés, et l'Allemagne rougira de cette agitation comme
d'une puérilité due à des passions qui ne sont plus de notre
temps. Elle regrettera surtout comme une faute la politique de
neutralité qu'elle a tenue à l'époque où la Russie, démasquant
enfin son ambition et marchant sur Constantinople, trouva
entre elle et l'objet de sa convoitise des poitrines françaises
pour lui barrer la route.

II.

Nous avons dit que le triomphe probable de la raison était
proche. — L'immense développement du commerce et de l'industrie qui s'est fait en Europe depuis vingt-cinq ans, doit en
précipiter l'avénement, c'est-à-dire l'extinction absolue de la
politique de famille des rois dans les rapports des nations entre
elles. Les peuples, aujourd'hui éclairés par la révolution française, s'inspirant de son esprit, reliés par les mêmes besoins et
les mêmes sentiments d'indépendance, sont à la veille de se-
couer pour jamais le reste des vieux errements qu'ils suivent
encore.

Partout ils prétendent la direction de leurs destinées, et leurs
volontés se substituant à celles des rois, les rois n'en seront
plus bientôt que les traducteurs respectueux et attentifs.

La vieille Europe occidentale a cessé d'être le patrimoine de
quelques familles princières; elle devient le patrimoine inalié-
nable des peuples. Son terrain n'est plus propre à produire un

nouveau Charles-Quint, maître par héritage de l'Espagne et des Pays-Bas, de l'Allemagne et de l'Italie. — Un Napoléon conquérant n'est plus possible.

Ainsi, tout se prépare à réaliser la prédiction du grand vaincu des peuples, — si par l'Europe républicaine il entendait chez chaque nation, — quelle que soit, d'ailleurs, la forme de son gouvernement, la prépondérance du droit sur la force et de la loi sur l'individu.

La marche de l'esprit humain, ordinairement lente et successive, a été tellement précipitée depuis quelques années, qu'elle a, contrairement à ce qui s'est toujours vu, bien plus déterminé les événements qu'elle n'a été déterminée par eux. — Longtemps et péniblement remorquée par l'idée de la révolution française jusqu'au courant qui l'entraîne maintenant si rapidement, la vieille Europe n'a plus à franchir que quelques passes dangereuses pour toucher à une régénération totale. L'on peut même la regarder, dès à présent, comme une espèce de république partagée en plusieurs États, les uns ayant conquis leur émancipation, les autres en train de la conquérir ; mais tous obéissant aux mêmes idées générales, ayant les mêmes aspirations, les mêmes principes de droit public, et tout à l'heure la même politique à cause des mêmes intérêts.

III.

Mais si tout concourt à préserver l'avenir de nouveaux bouleversements ; les relations des peuples rendues de plus en plus intimes par l'expension de l'industrie, la solidarité de plus en plus étroite des intérêts moraux et matériels qui les lie entre eux, à ce point que le bien-être du citoyen de Berlin et de Paris, de

Vienne et de Madrid recevrait la même atteinte du coup de canon qui partirait en Europe ; si ces manifestes effets d'une civilisation devenue majeure semblent devoir empêcher le retour des luttes sanglantes, il ne faut pas se dissimuler que son affermissement dépend surtout de la disparition des animosités aveugles qu'entretiennent dans le cœur des peuples des souvenirs bien loin de nous par le temps et la marche des idées.

Ces animosités ont si peu de raison d'être que l'on est forcé d'en attribuer la persistance à la malfaisante action de la vieille diplomatie , cette science de la ruse et des petites choses, si peu faite aujourd'hui pour servir les intérêts des sociétés modernes, et apporter cet esprit de simplicité et de droiture qui doit régner désormais dans leurs relations politiques.

IV.

Déjà la France a pris l'initiative de cette politique simple et droite dans les affaires d'Italie, en poursuivant la formation d'un congrès européen, dont la pacifique action, s'il avait eu lieu, aurait probablement épargné bien des maux à l'humanité.

Si cet appel de la France à l'opinion générale n'a pas été entendu de tous les gouvernements, beaucoup cependant y ont répondu, et cela permet d'entrevoir dans un avenir prochain une entière transformation de la politique internationale.

Aujourd'hui que l'ancien ordre de choses croule de toutes parts, et que les rois, de conducteurs de troupeaux d'hommes qu'ils étaient, sont élevés au rôle de chefs des nations ; puisque leur politique occulte de caste et d'intérêts privés n'est plus qu'un embarras ; il est aisé de sentir combien il est nécessaire à leur bonne intelligence que les nations abandonnent les procédés de la vieille diplomatie aux machinations de laquelle elles doivent en partie leurs difficultés présentes, et qu'elles adoptent enfin une politique qui leur soit propre, et qui traduise fidèlement au grand jour leurs nouveaux besoins. Il importe qu'elles travaillent promptement à mettre cette politique au niveau de leurs lumières, où viendront une à une se fondre les passions qui les divisent ; qu'elles établissent entre elles une juridiction respectée et protectrice de leurs droits réciproques, et que la sûreté de leurs rapports, semblables pour ainsi dire à ceux qu'apportent d'honnêtes gens dans leurs transactions, ne dépende plus de la dangereuse habileté d'un Metternich ni de la détestable finesse d'un Talleyrand quelconque.

V.

Mais, chose étrange ! tout le monde ne sait que trop quelles horreurs suivent les batailles ; combien facilement, dans cette mobilité des choses humaines, le vainqueur d'aujourd'hui devient le vaincu du lendemain ; combien la balance de la gloire militaire a été égale pour tous, depuis dix siècles que l'on s'égorge ; combien, en un mot, à notre époque de philosophie et de positivisme commercial, il est insensé de se préparer continuellement à massacrer le voisin qui vous massacrera à son tour ; et pourtant c'est encore aux préjugés qu'elles attachent à la gloire des batailles, que les nations du vieux continent sacrifient les bienfaits d'une entente cordiale qui les mettrait en état de se protéger efficacement contre les attaques de princes étrangers ou d'une barbarie rétrograde.

Il n'y a pas un bourgeois éclairé à Paris, un penseur libéral à Berlin ou à Vienne, qui ne considère dans la plénitude de son bon sens ces préjugés comme une honte, un contre-sens de notre époque, et qui cependant, au premier bruit de guerre qu'une gazette mal informée lui apporte, ne saute, l'un sur sa baïonnette d'Iéna, l'autre sur son mousquet de Leipzig !

Cette conspiration contre la concorde de passions que chacun déplore en particulier, mais dont tout le monde subit l'entraînement, n'est pas une des moindres causes de l'état de malaise où l'Europe se trouve en ce moment.

Chaque nation veut la paix, et chaque gouvernement épuise ses finances en armements ; tout le monde parle de l'adoucissement des mœurs, des progrès, des luttes de l'industrie, désormais les seules possibles, et tous les gouvernements revêtent un aspect formidable ; tout le monde voit la France, la loyauté au front, le désintéressement dans le cœur, d'une main élargissant sans repos la tranchée qui mène à la civilisation, de l'autre soutenant fraternellement les peuples opprimés ; et, contradiction inexplicable ! tout le monde, sans chercher à s'en rendre compte, frissonne de défiance au moindre pas qu'elle fait, au moindre mot qu'elle prononce, au moindre bienfait qu'elle apporte. — La France donne son sang et son or à l'affranchissement de l'Italie, et l'influence de l'Angleterre prédomine en Italie ; la France la première répond au cri de douleur que pousse la Syrie, et tout le monde attend que l'Angleterre daigne entendre ce cri pour en être ému !

VI.

Si donc, on attribue à la politique d'envahissement du premier empire la cause des défiances qui environnent la France, et leur durée à l'activité pernicieuse des chancelleries, où le vieux système d'absolutisme partout refoulé a trouvé un dernier refuge pour combattre l'idée moderne ; si ces défiances forment un contraste saisissant avec les instincts pacifiques de notre temps, l'on arrive facilement à cette conviction que le désordre moral qu'elles entretiennent existe bien moins au fond qu'à la surface des esprits. — Trop d'hommes déplorent ce désordre de malentendu , trop d'intérêts en souffrent pour qu'on puisse croire à sa consistance. Il est impossible qu'il puisse résister longtemps à l'unanimité des réprobations qu'il soulève, et à la force des opinions particulières qui ne verraient plus dans une guerre, dont le but vague et indéterminé échapperait au robuste et calculateur bon sens de notre époque, autre chose qu'une monstruosité.

Mais d'ici à ce que les nations de l'Occident soient définitivement sorties des ténèbres que l'absolutisme aux abois a tant d'intérêts à répandre, d'ici à ce que définitivement en possession de la liberté, éclairées par elle, et par conséquent débarrassées de leurs injustes préventions contre la France, elles la considèrent comme leur sœur aînée ; la France s'efforcera de rester dans la voie de modération où elle est entrée, et de demeurer calme devant d'injurieuses provocations dont sa force lui permet de discerner la provenance et la portée machiavélique.

Elle ne compromettra pas le rôle qu'elle tient de la Providence, elle saura commander, autant que possible, à ses susceptibilités, et, par une dangereuse impatience, elle n'entraînera pas le monde à une conflagration où l'idée qu'elle représente pourrait succomber.

Elle donne tous les jours de telles preuves de désintéressement, qu'elle ne désespère pas de venir à bout des difficultés que les gouvernements animés des passions de caste entassent entre elle et leurs peuples, et d'amener ces peuples aveuglés à des sentiments, sinon de reconnaissance, mais d'équité et de justice.

Déjà, avons-nous dit, en poursuivant l'établissement d'un congrès où se seraient débattus des intérêts qui n'eussent été que les leurs, elle a tenté de les arracher à l'isolement où les tient la politique silencieuse des intérêts princiers ; déjà, en désignant le suffrage universel comme un principe conforme à la dignité humaine et qui ne laisse rien à dire à la raison la plus soupçonneuse, elle leur a indiqué la marche qu'ils doivent suivre pour retrouver pacifiquement leur autonomie géographique et leur unité de race, sacrifiées aux brutalités des appétits dynastiques ; déjà, dans une occasion récente, — parce qu'elle n'est jalouse et n'a peur de personne, — elle n'a pas hésité une minute entre son génie chevaleresque et ses propres intérêts. Sans s'abuser sur le prix dont les peuples amoindris par l'habitude d'une longue servitude paient les plus nobles services, sans compter sur leur reconnaissance, — la reconnaissance immédiate étant encore pour eux une trop mâle vertu,— elle n'a pas craint d'affranchir vingt-six millions d'hommes, qui languiraient encore sans elle dans l'esclavage, et qui n'attendent peut-être que le moment de devenir ingrats.

Tant de gages de sympathies donnés à la cause des peuples éveilleront enfin un écho dans leurs cœurs. Leurs préventions contre la France ne résisteront pas aux continuelles avances qu'elle fait à leur amitié. — La sainte alliance des rois déjà disloquée disparaîtra, et l'alliance vraiment sainte des peuples du vieil Occident aura grande chance de la remplacer.

VII.

Combien de temps nous sépare encore de cette entente tant souhaitée, nul ne le sait ; mais d'ici là l'Europe a évidemment droit de craindre que ses intérêts supprêmes, la paix et la liberté, ne soient mis ou laissés par d'aveugles passions dans un immense péril.

Si l'on est trop porté à croire ce que l'on désire, l'on peut cependant, par l'étendue des besoins nouveaux que l'industrie a créés en Europe, — se convaincre que l'on ne poursuit pas un rêve, lorsqu'on ne désespère pas de l'intervention du bon sens pour la garer de la crise imminente dont la question d'Orient la menace, et où pourrait s'abîmer sa glorieuse civilisation, prix de tant d'efforts, de tant de conquêtes et de tant de souffrances.

Ce bon sens auquel nous avons foi, et que l'on trouve partout le même ; qui partout parle le même langage, en France, en Allemagne, dans le peuple proprement dit, le peuple industrieux, éclairé et libéral, ce bon sens que protège si bien la philosophie moderne et que l'intérêt rend si clairvoyant et si ferme, est trop unanime dans son accord à repousser la guerre de conquêtes pour ne pas l'emporter, dans les événements qui se préparent en Orient, sur les misérables rivalités nationales où souvent il s'égare.

Pour conjurer les éventualités que ces événements renferment, il est donc indispensable que les nations se rencontrent dans un congrès ; mais un congrès sorte d'assemblée des amphictyons, où leurs besoins seront sincèrement représentés, parce qu'ils seront débattus au grand jour ; où leurs vœux seront ouvertement traduits, parce qu'il sera dit tout haut ce que chacun pense tout bas ; où enfin, leur avenir, leur sang, leur or ne seront plus engagés à huis-clos, pour faire réussir telle ou telle combinaison de tel ou tel gouvernement dont les peuples sont las.

Ce congrès des nations, que la France a tenté d'instituer, mettra fin aux fausses préventions qu'elles ont les unes pour les autres ; et chacune pouvant alors sainement apprécier sa situation, la vraie politique internationale, c'est à dire la politique qui se fonde sur les affinités de race ou les frontières naturelles, la politique du bon sens en un mot sera inaugurée.

Alors les alliances factices feront place aux alliances de raison, et le monde ne se croira plus rassuré par ce qu'il se trouve réuni contre la France, dans un sentiment commun d'appréhension et de haine jalouse.

L'Allemagne, plus intéressée que personne à l'amitié de la France, deviendra son plus solide allié; la Russie, retenue sur la pente où ses instincts l'entraînent, cessera d'espérer comme un bien qui lui est dû la possession de Constantinople.

L'Angleterre, ne pouvant plus se fabriquer une force artificielle avec les passions d'autrui habilement exploitées, verra sa monstrueuse influence en Europe réduite aux justes proportions que la nature et le nombre de ses habitants lui ont assignées.

La France, enfin, ne sera plus un objet d'épouvante ; — elle paraîtra au contraire ce que la Providence a voulu qu'elle fût, le plus sûr rempart de la civilisation. Expliquons-nous.

VIII.

Lorsque les peuples du nord descendirent sur l'Empire romain, et plus tard les peuples pasteurs du Mogol, poussant les Huns qui poussaient les Slaves, qui poussaient les Germains, inondèrent les Gaules, les Italies et les Espagnes, ces races obéissaient à cet instinct fatal qui pousse l'homme vers le midi, où la civilisation doit le compléter. Eh bien! Cet instinct, qui a produit de si profondes révolutions, cet instinct se trouve développé à un degré extraordinaire chez la race russe.

Énergique, enthousiaste, rusé, aspirant à des climats meilleurs, tourmenté de cette fièvre d'expansion qui dévore les peuples neufs et forts que n'ont pas usés les passions politiques ; le peuple russe, plein de conscience de l'inviolabilité de son sol, sollicité par la faiblesse de l'empire turc qu'il n'a que la main à étendre pour saisir, l'œil ardemment fixé dessus, ce peuple redoutable, patient comme le sauvage, armé comme l'homme

civilisé, ne perd pas une minute, ne laisse échapper aucun inci-
dent favorable qui le rapproche de sa proie, et toujours prêt,
n'attend que l'occasion pour bondir sur Constantinople.

Qui pourra l'en empêcher? Est-ce l'Allemagne en travail de
son unité, fascinée d'une part par l'infusion du sang russe dans
les veines de ses princes, et d'autre part par son fol et jaloux
amour pour les provinces Rhénanes? Est-ce l'Allemagne, qui
n'a qu'une passion, le Rhin! et qui s'écrie que tout périsse,
mais que la France n'ait pas le Rhin. Est-ce l'Allemagne, qui
est restée tranquille spectatrice lorsque ses destinées se jouaient
en Crimée avec du sang français et du sang anglais? qui, au
lieu de se préoccuper de ce qui se passe derrière elle, n'a les
yeux que sur le Rhin, et se précipitait dernièrement sur ce Rhin
au devant des baïonnettes françaises occupées alors sur le Min-
cio à une noble besogne.

Est-ce l'Angteterre, puissance éparpillée à tous les coins du
globe, formidable dans une guerre maritime, mais n'ayant
qu'un appoint médiocre à apporter dans une guerre continen-
tale, qui peut suffire contre le colosse russe, jetât-elle son dernier homme et son dernier écu sur le Bosphore pour y défendre
les Indes, dont la conservation ou la perte sont une question de
vie ou de mort pour sa prépondérance?

Est-ce la France? nous ne le croyons pas; parce que pour
elle comme pour l'Angleterre le champ de bataille est trop loin.

Ainsi des trois grandes puissances intéressées à l'intégrité de
la Turquie d'Europe, aucune, prise isolement, ne peut être un
obstacle absolu à l'accomplissement d'un événement qu'elles
ont un intérêt sinon égal, mais sérieux à empêcher.

Tout leur fait donc une loi de s'entendre.

Déjà l'Angleterre et la France ont prouvé ce que pouvaient
leurs flottes et leurs armées réunies; mais cette preuve, dont il
ne faut pas exagérer la portée, témoigne bien plus d'un inci-
dent de guerre heureux que de la suffisance de leur union pour
faire toujours échec à la Russie. Nous le répétons, le champ de
bataille est trop loin d'elles.

En Crimée comme sur le Danube, à d'aussi grandes distances,
une grande bataille perdue par elles et gagnée par les Russes,

conduirait les uns à la mer, et les autres à Constantinople.

Or, c'est un état de choses bien incertain que celui qui n'existe qu'à condition d'être toujours vainqueurs.

Si maintenant nous supposons la France isolée dans la politique européenne par une entente exclusive entre l'Angleterre et les États allemands, et qu'à ce moment la Russie reprenne ses projets ; cette union anglo-allemande serait-elle plus efficace que l'union anglo-française, moins l'Allemagne? Cette combinaison semble à première vue suffisante; mais si l'on réfléchit que l'alliance anglo-allemande entraîne irrésistiblement la France à rechercher l'alliance russe, alors il est permis d'en douter.

Sans mettre en doute le courage des armées allemandes aidées seulement par les diversions maritimes que feraient les flottes anglaises sur les côtes de fer de la Russie, — sur Cronstadt par exemple, — l'on peut croire sans présomption que l'Allemagne ne serait pas assez puissante pour fermer la route aux Russes, alliés de la France, et que 10 à 12 millions de Slaves et de Grecs, leurs co-religionnaires, viendraient appuyer de toute l'ardeur de leurs passions à s'affranchir de l'abrutissante domination des Turcs.

Il ressort donc que l'union de la France avec l'Angleterre, malgré l'évidence d'un premier succès, offre une garantie bien incertaine, à cause de l'éloignement de ces deux puissances du théâtre de la guerre, et que l'Allemagne et l'Angleterre réunies, quoique à proximité de ce théâtre par l'Autriche, constituent une sauvegarde moins sérieuse encore, à cause de la pauvreté de l'Angleterre en soldats, et du caractère plutôt continental que maritime de la lutte.

Ces deux combinaisons reconnues incomplètes, à défaut d'une entente générale, il en reste une troisième qui satisfait à toutes les exigences de la situation, et peut parer à toutes ses difficultés.

C'est l'union de l'Allemagne avec la France.

Ce sont les deux seules nations, l'une par sa position géographique et l'importance de ses armées, l'autre par sa double importance maritime et militaire qui puissent se compléter.

Par l'Allemagne, la France serait rapprochée du champ de

bataille ; par la France, l'Allemagne serait tout à la fois efficacement appuyée sur terre et sur mer, et n'aurait pas comme avec l'Angleterre, dont les forces maritimes sont hors de proportion avec les nécessités de la lutte et absorbent toutes les ressources, un allié formidablement inoccupé sur les mers pendant qu'elle se battrait seule sur terre.

Ainsi leur union formerait une barrière infranchissable à toute puissance humaine, et garantirait d'une façon certaine le vieil Occident contre l'ambition moscovite.

IX.

Pourquoi cette union des deux grandes puissances continentales de l'Occident que la raison commande, que son efficacité impose et qu'une mutuelle estime rend si facile ne se ferait-elle pas, n'est-elle pas encore faite ?

Est-ce donc que ce que l'on nomme le progrès, la civilisation, ne serait qu'un vain changement dans la forme des choses, et que la Providence a voulu que la folie humaine fût inguérissable ?

Personne ne le pense ni en France ni en Allemagne. — Pourtant l'Allemagne, si grande par le bon sens de ses populations, par la gloire de ses artistes et de ses penseurs, par le courage et le nombre de ses armées, en proie l'on ne sait à quel vertige, semble donner raison à la vérité de cette croyance. A en juger des passions qui l'animent contre la France, l'on penserait que depuis 1813 jusqu'à ce jour, il ne s'est pas écoulé une cinquantaine d'années bientôt, qu'elle en est encore au lendemain de la bataille de Leipzig, au congrès de la rue Saint-Florentin, où par un instinctif hommage rendu à une puissance prédestinée, présidait un czar Agamemnon de ses rois.

X.

Mais qu'elle ne s'abuse pas ; le calme dont la France fait preuve aujourd'hui ne couvre aucune crainte, le désir qu'elle a d'une sincère alliance avec elle n'accuse de sa part aucune défaillance. Ce calme, avec les immenses ressources qu'elle possède, et dont elle a parfaitement conscience, ne témoigne qu'une chose, c'est du progrès de son esprit public dans la sagesse et la modération.

Quoi ! on accuse la France d'ambition, et tranquille, elle attend de la force des choses et du temps la reconstitution de ses frontières naturelles, quand elle n'aurait qu'un mot à dire et une marche à faire pour les reprendre.

Est-ce vraiment sérieux ? et cela ne ressemble-t-il pas à une mauvaise plaisanterie que le voleur crie si fort pendant que le volé se tait !

Est-ce que l'Allemagne ne possède pas par la Prusse les provinces Rhénanes, qui devraient lui appartenir de par la loi géographique ; et par l'Autriche, est-ce qu'elle ne déborde pas contre toute raison en Vénétie ?

Chez qui donc cette France tant accusée déborde-t-elle ? Mais encore, meurtrie des traités de 1815, elle ne jouit même pas de ses frontières naturelles quand tout le monde les a dépassées !

Est-ce que l'Allemagne aurait des yeux pour ne pas voir, ou bien son orgueil serait-il monté à ce degré d'exaltation qu'elle ne puisse ni discerner ce qui est juste, ni concevoir ce qui est équitable ?

XI.

Pour peu que l'on considère les divers États du continent, il est aisé de juger, cependant, que l'Allemagne est la seule grande nation qui aurait le plus à perdre à la guerre.

Partagée entre une foule de gouvernements, ce n'est qu'à la faveur de la paix qu'elle peut espérer sortir d'une position si anormale, et travailler d'une façon fructueuse à la fondation de l'unité où elle tend et où elle doit trouver un énorme accroissement de prospérité et de grandeur.

Elle a donc le plus grand intérêt à comprendre que le moment n'est pas bien choisi pour fatiguer la France du bruit de ses vaines agitations à propos des provinces Rhénanes. Car si la France est la seule puissance qui ait marqué une sympathie active pour la cause des peuples, il ne faut pas qu'elle oublie que c'est la seule aussi qui n'ait rien à redouter de leur centralisation. Si cette illusion, qu'elle puise dans son génie chevaleresque, peut-être aussi dans la force de son unité, et dans la solidité de sa position est assez grande pour lui permettre d'assister calme et bienveillante aux efforts que font les peuples allemands pour se centraliser, elle n'est pas assez dépourvue de sens commun pour oublier que sa sécurité exige le complément de sa frontière fâcheusement interrompue par l'Allemagne.

Ainsi, pour réussir à briser le réseau où la tient enfermée la politique de ses trente-sept empereur, rois ou princes, ligués entre eux pour maintenir leurs priviléges, l'Allemagne doit se façonner à l'idée qu'une entente vraiment cordiale avec la France lui est indispensable, et que la France n'est que juste et surtout bien modeste, lorsqu'elle ne voit pas autre chose que les provinces Rhénanes pour compenser la fondation d'une grande nation de 30 à 35 millions d'Allemands sur sa frontière orientale.

Que l'Allemagne donc forme un corps assez compacte pour que personne ne songe à l'entamer, la France n'y fera aucun empêchement ; mais de même qu'elle n'a pas craint au prix de sa réintégration dans ses frontières au midi, d'aider 26 millions d'Italiens à se centraliser, elle n'hésitera pas de revendiquer ses frontières de l'est pour demeurer l'égale de ses voisins d'Outre-Rhin.

En face du grand drame qui commence en Orient, il est temps que le Rhin, jeté par la Providence entre ces deux puissantes nations comme une barrière naturelle, cesse d'être un objet de discorde et la cause de passions insensées.

Pour conjurer le dénouement possible de ce drame, c'est à dire une guerre immense entre tous les états chrétiens se disputant les lambeaux de l'empire ottoman ; l'Europe a trop besoin du maintien de la paix pour que les trois plus grandes nations du Continent occidental, la France, la Prusse et l'Autriche tardent longtemps à former une alliance, dont les effets couperaient court à l'ambition moscovite, et parerait immédiatement aux éventualités qui rendent si peu sûre la prétendue entente cordiale qui existe entre la France et l'Angleterre.

XII.

Sans méconnaître la puissance de l'Angleterre, tout le monde a trop concouru et a trop perdu à son développement, pour oublier que la plupart des éléments qui la constituent rappellent une honte aux différents états d'Europe, et qu'il est

véritablement scandaleux que le drapeau anglais puisse orgueil-
leusement flotter à Gibraltar, à Malte, à Corfou, et qu'un
peuple de traficants sans entrailles soit encore en situation de
décider en maîtres des destinées du Continent.

Aux peuples du Continent, il appartient de régler les destinées
du Continent ; leur dignité, leur civilisation, si elle n'est pas un
vain mot, leurs intérêts les plus sacrés, leur commandent de ne
plus recommencer à s'égorger pour la plus grande satisfaction
de l'Angleterre.

Mais quelles sont donc les nécessités du monde, et que ne
doit-on pas espérer et craindre puisqu'on voit ces insulaires
balancer dans l'esprit des peuples l'influence morale, la salu-
taire et généreuse action d'un noble pays comme la France !

Qu'ont-ils donc tant à attendre de l'Angleterre pour hésiter
encore entre le champion de tous les égoïsmes et le soldat de
tous les progrès et de toutes les indépendances.

Mais quelle impression inexplicable vous cause donc la
France, Allemands ! pour que, semblables à des gens qui ont
peur et qui sifflent des rodomontades pour se rassurer, vous
cherchiez ailleurs qu'en vous-mêmes un appui contre la brutale
ambition que vous lui supposez si gratuitement ? Mais, si vous
en êtes encore aux souvenirs du premier empire, demandez donc
à ces mêmes souvenirs l'assurance qui vous manque, ils ont de
quoi vous la donner.

Quoi ! vous avez mesuré ce que peut la France en délire
sous la conduite du génie de l'action ; quoi ! vous pouvez apprécier combien la reproduction d'une pareille époque est impossible aujourd'hui, combien la marche du temps a modifié les
esprits, créé de besoins pacifiques, semé d'intérêts commerciaux,
soudé d'étroites solidarités, et, frappés d'aveuglement, vous per-
sistez à croire à l'existence d'un danger tapis en deçà du Rhin
quand tout vous en révèle l'imminence à l'Orient !

XIII.

Qu'a donc à redouter de la France l'Allemagne avec ses soixante-cinq millions d'hommes ? Et peut-elle se faire assez illusion sur la gravité des événements de demain, et l'importance de la Russie pour honorer si mal à propos la France de ses anxiétés, tandis, au contraire, qu'elle devrait voir en elle son plus naturel et son plus puissant allié pour empêcher une catastrophe où viendrait se perdre son indépendance. Car ce n'est pas calomnier la Russie que de dire que depuis Pierre-le-Grand, Constantinople et l'objet de ses plus ardents désirs, et que jamais le moment n'a été plus propice pour entraîner son ambition au delà de la mesure où la sagesse, sans doute, de ses princes cherche à la maintenir.

La France, autrefois placée dans une situation extraordinaire, convertie en une immense armée avec le Dieu de la guerre pour général, a donné au monde sa mesure, lorsqu'elle cherche à s'étendre hors de chez elle, et par la durée de ses conquêtes aussi rapidement faites que rapidement évanouies, démontré que ses tentatives d'envahissement se réduisent, en définitive, à des bourrasques dont il n'est pas impossible de triompher. Mais aujourd'hui, que l'on fasse semblant de croire qu'elle est encore atteinte de ces velléités de conquêtes, que l'on s'en inquiète jusqu'à oublier l'immense inconnu qui s'appelle la Russie, que l'on forme autour d'elle une sorte de cordon sanitaire, qu'on la tienne pour ainsi dire en quarantaine sans fin, voilà ce que nous ne pouvons concevoir.

Que l'Allemagne, que le monde suppose un moment, — et cette supposition n'a rien de chimérique, — la Russie dont personne n'ignore les tendances, tendances avouées et qui ont déjà reçu un commencement d'exécution, la Russie avec toutes les ressources de la civilisation, inviolable chez elle, à cheval sur l'Europe et l'Asie, trouvant un recrutement inépuisable dans d'inépuisables populations ; que l'on suppose la Russie aux mains d'un génie guerrier comme Napoléon Ier.

Il n'est pas besoin de dire quel serait l'avenir du continent en proie aux mille passions qui le désunissent comme en ce moment. — En un bond, la Russie serait à Constantinople, et l'Allemagne ne serait pas encore revenue de sa stupeur qu'elle serait écrasée, et cela bien autrement qu'elle ne l'a déjà été par le Napoléon français.

L'on doit penser que cette éventualité est bien plus à redouter pour elle que l'abandon des provinces Rhénanes, et que ce n'est pas trop de leur prix pour s'assurer l'alliance de la France, qui seule peut garantir sa sécurité future.

XIV.

Le moment si longtemps prévu et attendu de la maturité de la question d'Orient étant arrivé, — il n'y a plus à hésiter.

En face des complications que cette question renferme, la France ne peut plus rester dans l'isolement.

Quoique existant de fait, l'alliance anglaise n'est pas une alliance suffisante pour elle. Au fond, elle n'est qu'un expédient, elle n'est qu'une trève ; un expédient de l'égoïsme anglais, couvrant péniblement ses transes mortelles sous la rogue et l'insolence de ses hommes d'État et de ses publicistes ; une trève que respecte imperturbablement la générosité française, trop chevaleresque comme toujours, mais qu'un rien peut rompre d'un instant à l'autre.

Il faut admettre que la France, pour adjurer l'Allemagne de déposer ses injustifiables rancunes, pour en être encore à attendre son alliance formelle, lorsqu'elle n'aurait qu'un mot à dire pour acquérir immédiatement l'alliance de la Russie, est bien plus inspirée par son désintéressement traditionnel et a bien plus en vue les intérêts et le repos du monde entier que ses intérêts particuliers.

Que l'Allemagne donc réfléchisse et se décide promptement, car toute abnégation a sa limite, tout dévouement a sa fin. La France, nous le répétons, ne peut plus rester isolée. Il importe qu'elle trouve un allié grand et fort sur lequel elle puisse compter, non-seulement pour régler la question d'Orient dans un sens ou dans l'autre, mais encore pour maintenir son influence légitime sur les affaires du continent.

Deux puissances se présentent qui réunissent, quoiqu'à deux titres bien différents, les conditions nécessaires : l'Allemagne d'abord, qui aurait le plus à perdre à la chute de l'Empire ottoman ; la Russie ensuite, qui aurait le plus à y gagner.

L'union de la France avec la première de ces puissances, c'est la solution de la question d'Orient dans un sens pacifique ; son union avec la seconde, c'est le changement de la carte de l'Europe dans un temps rapproché.

En effet, le jour où, fatiguée d'attendre, dégoûtée par les mauvais vouloirs, la France dira à la Russie : « A vous Constantinople, » la Russie sera à Constantinople.

Ce jour-là l'Angleterre fera faillite et l'Allemagne sera bien près de ne plus compter parmi les grandes puissances.

Quant à la France, il n'est pas besoin d'énumérer ce qui lui permettra de toujours traiter d'égal à égal avec son puissant allié ; mais il est facile de comprendre que la limite du Rhin ne sera plus une préoccupation pour elle.

La combinaison d'une alliance franc-russe si facile à réaliser, mais qui répugne au caractère de notre époque, bien plus porté vers les grandes choses de la paix que vers les grandes commotions de la guerre ; cette combinaison est pourtant la seule, à défaut d'une alliance franco-allemande, qui puisse résoudre promptement et nettement la question d'Orient.

L'État dangereux où la tient l'indécision des grandes puissances entretient en Europe trop d'anxiétés pour que la France, qui a deux issues pour en sortir, ne se décide pas à en profiter.

Si c'est par une alliance avec la Russie, nous venons de dire quelles en seraient les conséquences ; si c'est par une alliance avec l'Allemagne, l'on est fondé à espérer une solution pacifique.

XV.

L'alliance de la France avec l'Allemagne aurait d'abord pour résultat de séparer l'Angleterre du continent, de mettre fin à la pernicieuse influence qu'elle y exerce, en lui rendant désormais impossibles ses trop fréquentes interventions dans les affaires qui ne la regardent pas absolument. N'ayant plus les passions de l'Allemagne à son service, son sang à jouer sur les champs de bataille, n'ayant rien à gagner du côté de la Russie, dont la grandeur a de quoi l'effrayer et qu'elle a le plus grand intérêt à traverser, l'Angleterre, réduite à ses seules ressources, c'est-à-dire à être modeste, ne serait un plus embarras.

Ainsi, le continent, délivré de son inquiète et insolente immixtion dans ses affaires, aurait grande chance de ne plus être troublé.

Ensuite, l'Allemagne, ramenée à ses véritables intérêts, directement en rapport avec la France, reconnaîtrait bien vite que dans les relations d'État à État, comme dans les relations d'homme à homme, il importe avant tout de faire disparaître la cause des mésintelligences, lorsqu'on désire vivre en bonne amitié.

Alors, en échange de la restitution de sa frontière naturelle, — le Rhin, — qui lui serait faite par la Prusse, la France n'ayant plus un intérêt incontestable à la voir morcelée, tant qu'elle n'est pas entièrement couverte de son côté, lui faciliterait par tous les moyens possibles l'achèvement de son œuvre commencée, c'est-à-dire sa concentration en un corps de nation de trente-cinq millions d'hommes.

L'Autriche, privée de la Lombardie, détenant à grande peine la Vénétie, qui doit lui échapper d'un moment à l'autre, menacée d'une dissolution prochaine par la perte de la Hongrie, l'Autriche trouverait dans la France un allié qui l'aiderait à reconstituer sur de meilleures bases sa puissance ébranlée.

Au prix de la Vénétie, qu'elle abandonnerait aux Italiens ses véritables maîtres selon la loi de la Providence, la France ne verrait aucun inconvénient à ce qu'elle s'étendît vers l'Orient ; qu'elle prît les provinces du Danube sur lesquelles la Turquie n'a plus aucune autorité, et qu'avec bien peu de concessions il lui serait facile de s'assimiler.

Ainsi le sort de l'Europe serait changé, et jamais plus importante transformation n'aurait causé moins de troubles ! La France sur le Rhin, l'Italie en possession d'elle-même, la Prusse constituée en nation de 35 millions d'habitants, l'Autriche assise sur le Danube, le siége de sa véritable force, couvrant contre toute ambition l'intégrité de la Turquie, l'Angleterre renvoyée à son trafic, — les choses ainsi réglées, l'équilibre européen ne serait plus un vain mot !

Si donc, l'Allemagne, — c'est-à-dire l'Autriche et la Prusse, — entrait résolûment dans cet ordre d'idées, dont rien ne serait capable d'entraver l'accomplissement, mettait franchement sa main dans la main de la France, la question d'Orient aurait fait un grand pas, elle serait bien près d'être résolue : car cette union présenterait une telle force que tout espoir de désordre et de convoitise disparaîtrait devant elle.

L'Allemagne et la France réunies seraient en mesure d'imposer aux puissances dissidentes la politique qu'elles adopte-teraient, et cette politique évidemment serait contraire à toute combinaison qui tendrait au partage de la Turquie d'Europe, parce que n'ayant ni l'une ni l'autre aucune nécessité d'agrandissement, elles se concerteraient pour épargner au monde le spectacle de cent cinquante millions d'hommes s'égorgeant sur une proie dont chacun voudrait s'approprier la plus grosse part, laquelle en définitive finirait par rester dans les mains de la Russie.

Cette politique qu'elles adopteraient, et qu'elles pourraient faire respecter, le monde lui a déjà donné un nom ; c'est la politique de non-intervention.

Grâce à elle l'Europe, qui à une autre époque serait en feu en ce moment, à cause de l'Italie, est en repos ; grâce à elle l'Europe peut espérer la paix, si on l'applique rigoureusement à la question d'Orient.

La Turquie doit donc rester ce qu'elle est ; — un état indépendant, soit dans la main des Turcs, soit dans la main des Grecs, s'ils ont l'énergie de la reconquérir par eux-mêmes.

Qu'ils s'affranchissent, personne ne s'y oppose, tout le monde même le souhaite. Mais que sous le prétexte menteur d'humanité, l'on parle d'une intervention dont le but cache des convoitises ardentes, et dont les conséquences couvriraient l'Europe de sang, c'est ce qu'une sage politique ne saurait admettre.

En effet, pourquoi les puissances interviendraient-elles en Turquie d'Europe, où les Grecs sont cinq fois plus nombreux que les Turcs qui les oppriment, et par conséquent dans une situation qui leur permet, quand ils en auront le courage, de s'affranchir de la domination musulmane.

Si c'est au nom de la civilisation, la civilisation répond : qu'elle serait bien autrement insultée par le conflit hideux qu'une intervention souleverait certainement parmi les puissances civilisées, que par la prolongation d'un état de choses où elle souffre sans doute, mais qui doit cesser un jour, s'il est vrai que l'empire turc croule de toutes parts, et que le plus grand nombre finit par l'emporter sur le plus petit.

Si c'est au nom de l'humanité, l'humanité répond : qu'il importe bien plus au respect qu'on lui doit, d'abandonner à leur sort dix à douze millions d'hommes qui seraient assez lâches pour se laisser égorger par quatre millions de barbares, que d'exposer cent cinquante millions de chrétiens à des déchirements dont il serait impossible de prévoir la fin.

Mais si la civilisation, si l'humanité commandent de ne pas intervenir en Turquie d'Europe, il n'en est pas de même pour la Turquie d'Asie, où les chrétiens sont livrés en infime minorité à l'épouvantable cruauté des musulmans.

Que les puissances chrétiennes imitent la France, toujours la première là où il y a un noble rôle à remplir, rien de mieux. L'Asie est trop loin pour qu'ils leur prenne envie de la partager. Là, leur intervention peut rester pure de toute arrière pensée compromettante ; là, la juste colère et le mépris profond que la faiblesse du gouvernement turc leur inspire, peut se traduire sans inconvénient.

Qu'elles fassent plus, qu'elles arrachent aux Turcs ce malheureux pays de Syrie, qu'elles le constituent sous leur protectorat dans les mains des chrétiens, ainsi qu'elles en ont agi autrefois pour la Grèce, tout leur en fait une loi, tout leur en fait un devoir.

XVI.

Le monde désire la paix, tous les besoins sont dirigés vers les travaux de l'industrie, toutes les aspirations vers les arts et le commerce ; les races tendent à se constituer par groupes aussi homogènes que possible : cette tendance n'est plus une présomption, c'est un fait.

Le vieux système, enfin, est à bout, et cette appréciation de Napoléon Ier, contestable peut-être encore en 1820, ne l'est plus en 1860.

Eh bien! sur les débris du vieux système où surnagent péniblement tant de petites intrigues, tant de petites perfidies, — que les gouvernements fondent une politique vraiment représentative des peuples, en un mot, que la silencieuse diplomatie soit remplacée par une assemblée, un congrès permanent, où leurs mandataires portent écrit sur le front ce qu'ils pensent de la chose publique, selon la belle expression de l'auteur des Tusculanes, et toutes les grandes choses insolubles pour la vieille diplomatie seront promptement résolues ; les souvenirs irritants s'effaceront, et la vieille Europe sera pacifiquement reconstituée. Ceci peut sembler un rêve, une chimère ; — mais le suffrage universel, la veille de son application, semblait aussi un rêve, une chimère.

A cette condition, mais à cette condition seulement, le Continent peut trouver une paix durable.

Un congrès où les gouvernements de Prusse et d'Autriche apporteraient le véritable esprit de leurs populations les conduirait inévitablement à une alliance sincère avec la France ; et cette alliance protégerait bien plus sûrement la paix du monde que l'entente toujours essoufflée et peu cordiale de l'Angleterre avec elle.

Alors le repos de l'Europe ne serait plus subordonné à l'avide et arrogante personnalité anglaise ; le Continent rentrerait dans sa dignité, et, appuyé sur la confédération du bon sens, traverserait sans périls graves la double complication de l'ambition moscovite et de l'expiration de la puissance musulmane.

Voilà, nous le répétons, ce que devrait produire, ce que produirait le congrès des peuples !

Mais si la Providence a ménagé d'autres voies au triomphe de la civilisation, si elle a décidé qu'il faut encore du sang, elle continuera chez les Allemands l'esprit de vertige, et la France rebutée, à bout de patience et de modération, se jettera dans une alliance qui mettra fin à la situation fatigante que lui fait la politique aigre-douce de l'Autriche, agaçante de la Prusse, soupçonneuse de l'Angleterre ; elle fera un signe à la Russie, et le rêve un instant entrevu à Tilsitt par Napoléon Ier sera réalisé en partie.

L'Europe politique sera divisée en deux empires, l'Empire d'occident et l'Empire d'orient.

FIN.